Hear-Say™
FRENCH

by

Donald S. Rivera

Produced and distributed by

Smart Kids™
A division of

Penton Overseas, Inc.
2470 Impala Drive, Carlsbad, CA 92008
www.pentonoverseas.com

Producer
Ron Berry

Illustrator
Chris Sharp

Sound Effects
Sunset Sounds Studio
Ron Spenser – Engineer

Exxel Audio Productions
T.W. Shelton – Recording Engineer
Rick Harchol – Mixing Engineer

Art/Editorial Director
Annette Norris

Design/Layout
Matt Shaw

French translation and narration
Philippe Patto

INSTRUCTIONS & CONTENTS

This entertaining **Audio Program** and fun-filled **Activity Book** will have kids of all ages speaking French in no time. For starters, it's a scientific fact…children learn a foreign language faster and more easily than adults. Now, with this exciting, new format, that combines sound effects with their French word, kids learn a foreign language naturally – just like they learn English. The audio along with the colorful, illustrated **Hear-Say Activity Book** offers a dynamic multi-sensory, interactive, language learning experience.

1. The Audio Program:

Sound Effects
Over 200 common sound effects are presented in distinct categories to facilitate recognition.

French Pronunciation
First the sound effect is heard, followed by the French word spoken twice by a native speaker. This allows the listener to learn correct pronunciation and to say the word along with the speaker.

2. The Activity Book

Visual Reinforcement
The book contains 15 colorfully illustrated scenes along with additional images that match each sound effect/word heard on the audio. Each individual image is accompanied by the written word in French. The combination of the sound effect, the spoken pronunciation of the word, a visual image of the word and the actual written word, to develop reading skills in French presents a fully integrated, multi-sensory learning experience!

Find the Matching Picture
In addition, each action-filled environment contains a second image of the sound effect/word providing an independent activity for children to find the matching picture in its natural surroundings.

Find The Hidden Mouse
Hidden in every scene is a clever little mouse. As kids search the scene to match the word picture, they must also keep a sharp lookout to Find The Hidden Mouse!

LES ANiMAUX

le chien

le chat

l'oiseau

le coq

la vache

le canard

le cheval

le cochon

le mouton

l'éléphant

le lion

le singe

le phoque

la grenouille

l'âne

2

LES VÉHICULES

la moto

le vélo

le skateboard

la voiture

le bus

l'ambulance

le train

le bateau

l'avion

l'hélicoptère

le tracteur

le camion des éboueurs

les pompiers

le sous-marin

3

DANS LA MAISON

la sonnette

la porte

le téléviseur

la radio

l'air climatisé

le téléphone

l'aspirateur

le ventilateur

le balai

DANS LA SALLE DE BAIN

les toilettes

la douche

la baignoire

la brosse à dent

le séchoir à cheveux

le rasoir

DANS LA CUISINE

la vaisselle

les verres

la casserole

le mixeur

l'ouvre boîte

le grille-pain

l'eau

la théière

le soda

7

les popcorns

la pomme

la soupe

le lait

l'oeuf

le bacon

les céréales

les chips

8

DANS LE JARDIN

la tondeuse

l'arrosoir

la pelle

le râteau

la hache

la cisaille

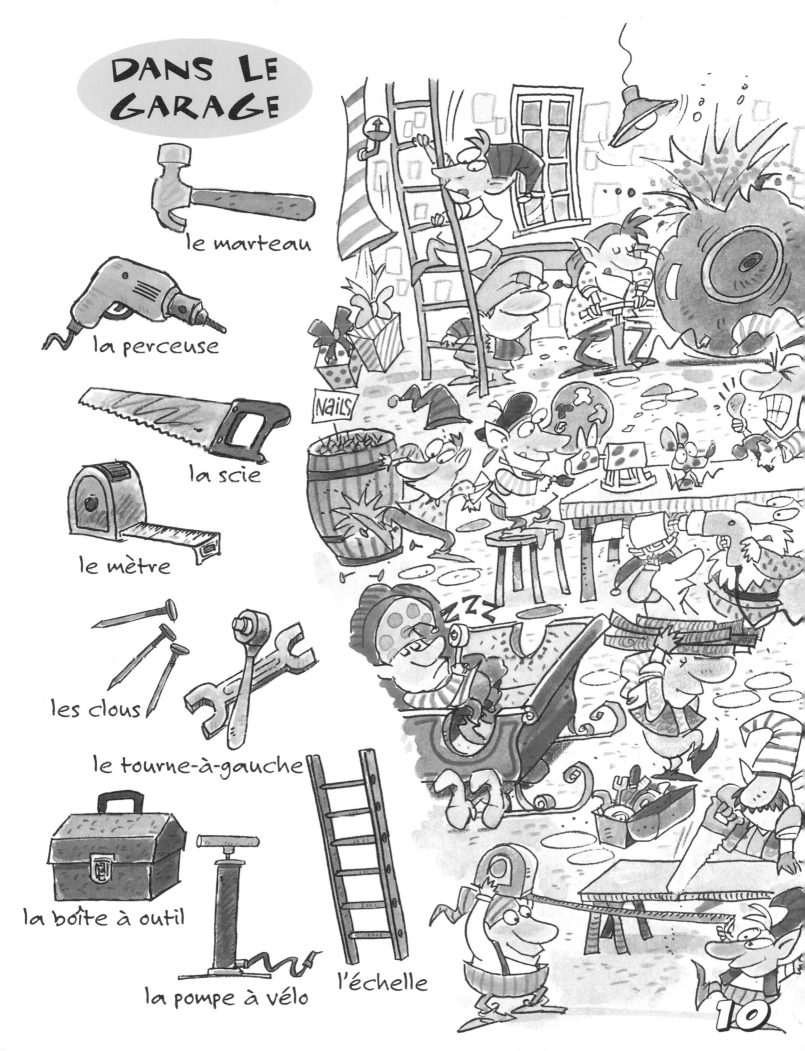

DANS LE GARAGE

le marteau

la perceuse

la scie

le mètre

les clous

le tourne-à-gauche

la boîte à outil

la pompe à vélo

l'échelle

10

LES ENDROITS

l'école

la ville

le zoo

la plage

le bureau

le supermarché

le restaurant

11

la piscine

la salle de sport

la station service

l'église

l'hôpital

la ferme

le parc d'attraction

12

EXIT

LES INSTRUMENTS DE MUSIQUE

la batterie

la trompette

la flûte

le piano

la guitare

le trombone

le violon

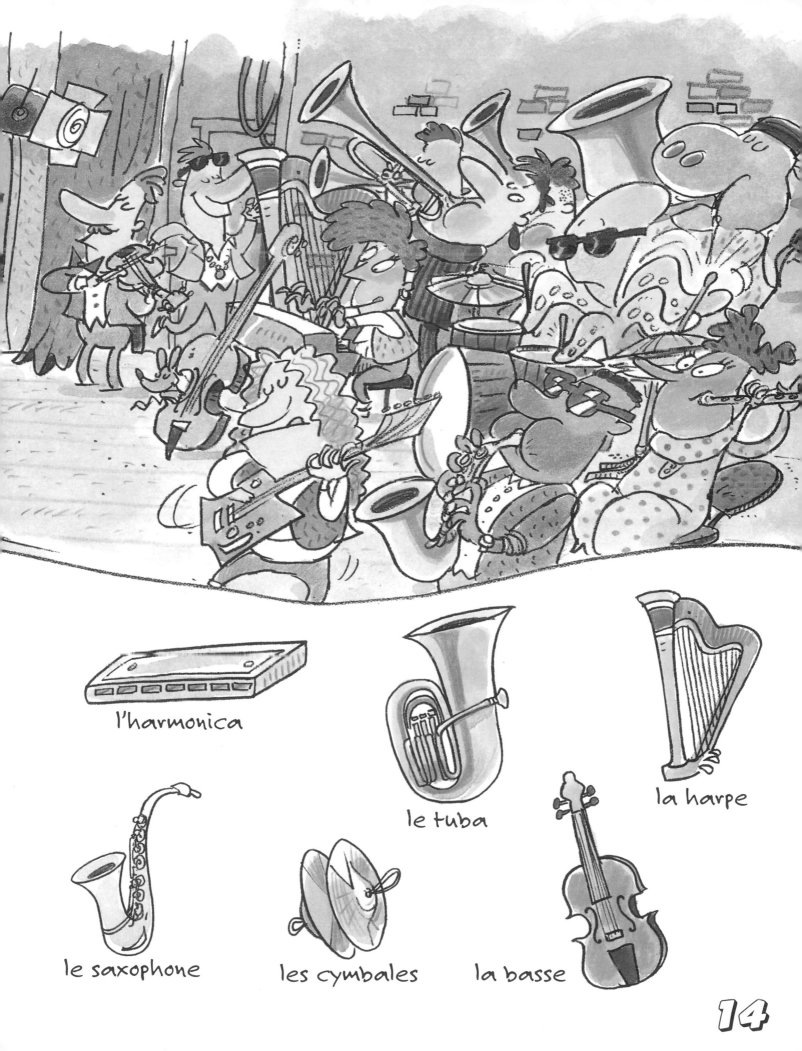

l'harmonica

le tuba

la harpe

le saxophone

les cymbales

la basse

14

LES SPORTS

le base-ball

le basket-ball

le bowling

le football

le golf

le hockey

la natation

le tennis

le ping-pong

le karaté

l'altérophilie

la boxe

16

LES ACTIONS

marcher

courir

manger

boire

parler

travailler

17

jouer

écrire

lire

cuisiner

chanter

danser

applaudir

18

LES SONS DU CORPS

respirer

rire

embrasser

pleurer

crier

éternuer

tousser

19

bâiller

gargouiller

rôter

ronfler

se moucher

avoir le hoquet

gémir

battre

LES CHOSES

les clés

l'appareil photo

l'horloge

l'argent

le chewing-gum

le sifflet

le sac

les cartes

le livre

le taille-crayon

la braguette

le jouet

le moustique

la tapette

PLUS DE CHOSES

le robot

l'ordinateur

le bébé

la glace

le ballon

le seau

le drapeau

23

la prison

la dynamite

le papier

la fenêtre

les sciseaux

les chaussures

le vent

LA NATURE

la pluie

l'éclair

le feu

l'océan

la cascade

la jungle

le marécage

le ruisseau

le tremblement de terre

DaNGeR! QuickSaND

le volcan

le canyon

26

LES NOMBRES

Compter les sons.

un

deux

trois

quatre

cinq

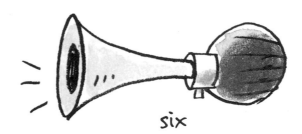

six

sept

huit

dix

neuf

La fin

27

28